Kerstin Preiwuß
Taupunkt

Kerstin Preiwuß

Taupunkt

Berlin Verlag

Mehr über unsere Autoren und Bücher:
www.berlinverlag.de

Die Autorin dankt der Kulturstiftung Sachsen
für die Unterstützung ihrer Arbeit.

ISBN 978-3-8270-1410-8
Berlin Verlag in der Piper Verlag GmbH, München/Berlin 2020
Satz: psb, Berlin
Gesetzt aus der Utopia
Druck und Bindung: GGP Media GmbH, Pößneck
Printed in Germany

Das ist worüber niemand spricht nur weiß
wie's Gräben schlägt in sich um alles
und das heißt beschütze mich
und vielleicht springt etwas über wo die Atmung sitzt
nur raus damit du weißt doch auch alleine denken reicht noch nicht
ganz wie die Adern das erstaunt in sich verkehren
und jetzt ihren Rückstrom spüren
und wie es trismegistisch kreist und murmelt dabei
immer nur am Leben sein
ergibt doch keinen Sinn nicht mal ne Fließgeschwindigkeit.

*

Wohin dann mit der Punktgenauigkeit?

22:58:12
Gleich Nacht

Am Horizont die Linie.
Zuerst ein Strich.
Näher dran war das Gesicht wie aufgegeben.
Sah nur hin.
Sprach nicht.

*

Apnoe,
erst klemmt es und dann immer das Gedränge.
So wie das Meer Steine hinträgt.
So wie das Meer Steine ablegt
wandert alles vor und zurück
in die Erfahrung die wächst diskret.
Ich bin von Einquartierung frei heißt nicht
ich bin sie los auf keinen Fall
befreit so ein Zitatending vom Quarzgemisch.
Die enge Stelle ist selten konkret.

*

Sicher ist reden auch nur eine Art
sich zu geben nie sich verschenken.
Etwas Fremdes wächst oft mit.
So süß und herrlich der Verschnitt
gesprenkelt mit Gossip und hymnenfit.
Ums Leben geht es dabei nicht.
Die enge Stelle sieht dir ins Gesicht.

*

Selbst wenn man länger lebt als andere
wandert die enge Stelle mit
hockt neben fünf weißen
unregelmäßig geformten Paketen
und hält sich mit der Hand das Kinn
angesichts dieser elastischen Särge
als hätte sich etwas nach Größe sortiert.

*

Apnoe,
ist man denn Augenzeuge sein ganzes Wesen lang
auch für die unbesetzten Stellen im Leben?

Am schlimmsten sind die Überschneidungen.
Aus Erde kommst du und zu Erde wirst du wieder.
Das fügt Muster ins Wäscheaufhängen.
Soll man sich so ins Schweigen wenden?
Apnoe, bist du nicht müde vom Steine fressen? Erde auspressen?

*

Schön wäre es jetzt zwölf Stunden zu schlafen.
Selbst die Neurosen schlüpfen dann nicht.
Nur dieser Wunsch wächst mit den Jahren.
Dieser Wunsch wird auf vielen Listen geführt
bis wieder bessere Bedingungen sind.
Dann ist man inmitten
einer viel längeren und spektakulären Reise.
Die leere Stelle hingegen
kann die Dauer eines Spaziergangs haben.

*

Apnoe, kann ich so reden mich hingeben wie Pflanzen es tun
so ausgesucht ufern mitten in mir unterschlüpfen geht das so
Arme um Beine gelegt so ganz in sich verschlungen
kann ich so hudern?
Apnoe verrat mir nur wie geht Steine verrücken?

Da kommt die Tödin.
Die Listenmacherin setzt ihren Strich.
Die hat dich du sie nicht.
Die Flohmagd macht noch einen Witz.
Und denkt sich nichts.
Dabei flöht sie dich.
Immer steht ihr Mund auf zu.
Sie versteht kein Gewimmer.
Die Tödin setzt sich neben dich zählt lautlos ihre Kinder.

*

Sie reist auf einem Windhund an.
Der Windhund läuft so schnell
dass man sie kaum erkennen kann.
Ihr Gastgeschenk ein Obelisk.
Ein Monolith.
Ein Opferschiss.
Die Dame von weit her kommt an
und treibt aus ihren Kindern ein Versprechen.

*

Wir kamen aus den Wärmen.
Die älteste Frau heißt Emma.
Sie hält immer andere im Arm.
Wir können ihr den Brustkorb dehnen.
Wir wollen ihren Brustkorb sehen ihn umstellen.
Wir wollen durch die Halle gehen und sie mit Schilf bestallen.

*

Das wächst dann.
Das wispert wir sind nicht einsam wir sind ein Rocksaum.
Das wispert wir sind auch da zum Teeren und Federn.
Wir sind auch Dächer und wir sind entflammbar.
Wir sind ganz da.
Und auch die halben Brennnesseln mit ihrem Niedrigwuchs
die Bodendecker gehören dazu
wir sind brennbar wir schneiden Gesichter ins Flussgewitter.

*

Rede Schilf rede.
Fang an.
Fang beim A an.
Fang beim Zahn an.
Fang beim Fangzahn an.
Was hängt daran.
Was gräbt denn da.
Was wirft die Schippe um.
Die Schippe schippt
schiebt Erde nach.
Die Schippe schippt ins Zittergras
ihr Zittergrab.

*

Dann wird es das hier nicht mehr geben
echoen die Grillen.
Nicht mal mehr ein drüber Reden
echoen die Grillen.
Und auch die schönen Bilder
in denen wir uns erkennen.
So wie wir uns am liebsten sehen.
Von oben mit Kerzen in den Fenstern.
Imstande Zeichen zu setzen.
Sie werden verschwinden
echoen die Grillen.
Wie wenn Kinder das erste Mal Schnee berühren.
Und die Sorge um die Kinder wird verschwinden auch sie
und die Angst vor der Zukunft auch sie
echoen die Grillen
bevor sie die Flügel engstellen.

*

Hör auf.
Hör auf den Laut.
Hör auf sein Echo.
Hör erst beim Echo auf.
Das ist nicht was wir haben um uns alles zu sagen.
Das wandert doch nur endlos durch den Mund.
Hör auf zu klagen.
Wir können uns nicht teilen.
Wir müssen dafür Schilf zerschneiden.

*

Manche sagen sie können sich erfinden
sich das Schilf von den Dächern zu Röcken binden
und teilweise Showgirls sein.
Vom Standpunkt der Lüge ist das die Wahrheit.
Zwei Ereignisse kommen glücklich zusammen
erzählen von einer dicken Sperlingszunge.
Das bisschen Haut und ein paar Knochen
bevor sich die Wipfel der Bäume schließen.

*

Nichts los im Schilfkleid.
Im nicht angezogen und nicht nackt Weiß.
Solange wie man weiß wie's heißt ist alles gut.
Ein Glas Ich kennt nur sich und friert dabei
und traut sich klar nicht weit in das Geschehen.
Unberührbar, Exponat auf Zeit.
Vielleicht erst mal den Unterschlupf siezen.

*

Die dicke Vogelzunge die man kaufen kann
sagt immer zuerst die anderen.
Du noch nicht.
Du bist noch nicht dran.
Denk dir einen der schon mal ordentlich gelitten hat.
Vergiss ihn dann ist es nicht so schlimm.
Hauptsache die Zähne halten.
Bis dahin kannst du mich ruhig nach dem Weg fragen.
Das stellt Abstand her.

*

Ich bin das Pragma so leid.
Das erste Feld gelb.
Das nächste verdorrt.
Vom Standpunkt der Wahrheit ist das eine Lüge.
Möglich, der Fehler unterbricht sich gar nicht
läutet nur immer den Anfang ein.
Man ist erst allmählich bereit für die Mühle.
Die läuft schon lange insgeheim.

*

Hör mal, die Grillen.
Hör auf nichts anderes mehr.
Schön, diese Grillen.
Die Schmerzzikaden.
Wie sie verschleißen.
Eudämonische Tiere.
Wie sie singen.
Wie sie reißen.

*

Leben heißt liegen auf einem blinden Fleck
von dem aus man alles ganz deutlich sieht.
Ich lasse immer einen Herzschlag aus.
Der ist für dich.
Natürlich pumpt sich da was auf
sagt gutes Kind vertrau mir mal.
Du liebe Speikobra ich bin schon blind.

*

Aber die Tödin beschnuppert mich voller Liebe.
Aber die Liebe buckelt sich.
Die Liebe duckt sich.
Die alte Kupplerin kennt mich nicht.
Ließe ich sie sprängen ihr die Hunde in den Schoß zurück.
Übersieht sie mich oder ist sie bloß liederlich?
Spürt sie denn nicht den Verzicht?

*

Mitleidlos trifft
kein Trost mich
entblößt sich's
Tödinnengesicht.

*

Das noch, das eine
atemlos machende Grün ansehen.
Das macht die Welt von ganz allein.
Schön, es gibt kein Schilf.
Es gibt kein Schilf.

Alte Steinfresserin mit deinem Klingelbeutel.
Dein Echo stimmt nicht doch dein Flummi glimmt noch.
Mach halblang.
Flipper nicht so rum.
Mückt dich was?
Killert der Alarm?
Welches Band misst deinen Hautwiderstand?
Welche Leine reißt dich zurück?
Rutscht es dir aus den Schuhen alter Frauen
wie ein zu dünn gewordener Fuß?
Drängt es pavianisch aus den Frisuren alter Männer?
Ist es der Angstsack auf den du klopfst?
Ist es die Gaslaterne ist es ihr Funzellicht?
Ist es am Ende nur das Stoffgemisch?
Geh doch zum Astloch mit deinem Geheimnis und teil es.
Klaub die Verwandten auf die schon liegen.
Da einer aufgegeben hier einer angenäht.
Trag alles noch mal zusammen und bring es zwischen dich.
Scheißegal ob du dann ichlos bist.
Scheißegal ob du gebisslos bist.
Hast du Beißwut dann hol's dir
und sei es als Knochen
spuckst du dich ins Pemmikan zurück.
Tust du das greifst du die Wildnis an?

Tiger, Tiger in der Nacht
liegt er bis zum Anschlag da
kauert vor dem Sarkophag.

Tiger Tiger, Lichtgestalt
setzt nur an zum Winkmanöver.
Grinsekatze ihre Schwünge
enden vorn wie hinten gleich.

Tiger Tiger reißt
das Schöne aus dem Leben.
Noch ist alles unentschieden.
Was wir lieben was uns tötet.
Noch sind die Byebyes symmetrisch.
Enden vorn wie hinten ganz.

Schön symmetrisch ist das Hirn.
Schlägt brutal die Augen nieder
vorm Tiger.

Die Pilze sind schon wieder kürbisfarben.
Vorn das Auto sieht aus wie ein Leichenwagen.
Dabei ist es nur der Regen der die Fenster verhängt.

Auch die Spinne ist nur noch ein Schrumpfkopf.
An ihrem Leib hängt eine Wolke letzter Fäden
als Trockenstrauß in sich verknäult
hat sie agonisch ihre ganze Produktion verschenkt.

Wer hat es hier wem besorgt.
Und welche Lücke wird hier groß.
Da klafft was auf was kein Unterschlupf ist
formt Trichter in die man spricht.

Hättest du gern einen Wunderausweis?
Rikki-Tikki-Tavi und die Kobra die das Kind anspringt
haben das gemeinsam.

Du kannst auch nach der Zahl der Opfer gehen.
Leere Stellen für Namen die noch kommen.
Lesen was auf den Schildern steht.
Ihre Namen lernt man immer erst hinterher.

Will nur arbeiten.
Was Schönes tun.
Diese rhythmisch zitternden Hände
können nicht ruhn.

*

Hab mich bis in die Ecken gedehnt.
Komm nicht vom Später ins Früher zurück.
Das Loch zieht sich. Heilt nicht.
Ich habe, Liebe, dies hier immer falsch geschrieben.

*

Könnte ich meine Hemmschuhe ausziehen würd ich's fühlen.
Den Klotz am Leib das Standbein das Schwundbein.
Aber meine Hemmschuhe sind handmade ich saß lange daran.
Ich kann sie nicht wegwerfen wie Knochen was wächst mir dann.
Welche Phantome welche Gefühle folgen mir dann.
Ich kann nur Männchen machen wie ein Zinnsoldat.

*

Wozu die halben Talente wenn es schadet.
Wenn sich das alte Hemd erneut auf die Schultern senkt
sich überträgt und die Welt verengt
zur Marmorplatte und dem was in ihr steckt.

*

Wenn man sich um die Hälfte kürzte.
Sich für die Hälfte trennte.
Die Hälfte an Wissen um zu ertragen
dass alles bereits vorher endet.
Kaum mehr als ein Gleißen ein lächerliches Spreizen der Beine.
Dann kann man die Wege in Mustern gehen.
Dann ist es geschehen.

*

Bin müde.
Ob schon Knochen zu sehen sind?
Jene die stromlinienförmig geboren wurden
legen sich so auch wieder hin.
Ob ich schon knochig bin?
Die nach mir kommen beißen stets vorher vom Kuchen ab.
Ob man Knochenschrift lesen kann?
Mir wachsen Gebeine.

*

Wasser im Glas nimmt die Form des Glases an.
Ich nicht. Mir wachsen Tracheen.
Ich will Arme die einander umklammern.
Aber es sind Antennen.

*

Ich will sehen wie alles verschwimmt.
Dem Wasser zusehen wie es sich legt.
Ich habe, Liebe, dies hier immer nur gemieden.

*

Wär ich ein Neunauge hinge ich an der Sonne.
Wär ich ein Känguru steckte ich im Beutel.
Das steht am Rand und von meiner Hand.
Ich folge nur meiner eigenen Uhr.
Und mein Echo gehört mir.

Meine Liebe
warum diese Härte
die man mit sich bringt
und die einen mit sich nimmt.

*

Meine Liebe
sieh dich doch an.
Um bei dir zu sein
musst du dich stören.

*

Meine Liebe
das Gerippe unter dir
kommt mir entgegen.
Brustkorb den ich mit den Füßen trete
bis er verschwimmt.
Süß sein Wasser mein Milchtritt.

*

Meine Liebe
die Pfütze aus der ich kletter
die Beine die ich verlier
niemand denkt an sie.

*

Meine Liebe
alles um uns ist dunkel
und wir wissen davon.
Ich bin schon dabei
dir ein Mausoleum zu bauen.
Seitdem wird alles zum Moment davor.
Fürs Leben reicht das schon.
Fürs Fühlen kaum.

*

Meine Liebe
du scheinst mir als Modell
seitenlang gesperrt zu sein.
Was passiert wenn ich dich befrei.
Verdruckst du mir leis?

*

Meine Liebe
ich weiß kaum
was durch meine Starre
durch meinen Scheintod dringt.
Nicht wahr das ist Gram.
Winter sein eh der Sommer kam.

*

Meine Liebe
keiner weiß warum die Entdecker immer nur fortgezogen sind.
Hat es denn Sinn dass man Verstecke aufdeckt
wie Quarzkörner unter einem Fußtritt.

*

Meine Liebe
jetzt haben wir alle Reisen hinter uns.
Trost ist was wiederkommt.
Stopf ihn in den Mund zurück
sonst verdrängt er dich
oder kehrt als Geist zurück.
So ein Gespenst bin ich.

*

Meine Liebe
du kannst dir nicht nur selbst begegnen
sonst ist dieser Jubel umsonst.

*

Meine Liebe
lass uns über Schwalben reden
bis uns der Schwarm entstellt.

*

Meine Liebe
es wickeln sich immer zwei Gefühle
wie eine Schärpe um mich.
Die der anderen auch.
Das ist deine DNA mein Kind.

*

Meine Liebe
Du wirst dich nicht los.
Wir liegen dicht an dicht
bis es vorübergeht.

*

Meine Liebe hängt in der Luft
und tut niemandem gut.
Das ist alles klein und eng.
Da wo man herkommt
legt man sich wieder hin.

*

Ich stehe in der Mitte meiner Jahre und erstarre.
Es bringt nichts in sich selbst zu grasen.
Die Nacht ist lang und circadian.

*

Wie viel sich bewegt
wenn nur das Denken sich legt.

*

Einmal trugen meine Augen mich aus ihren Höhlen
sie drehten sich so dass der Eindruck einer Tür entstand
vielleicht auch eines Glücksspielautomaten
der durch den Blick geschickt
bewegte was es nicht mehr gab.
Den Mund darunter hab ich zugenäht.
Die Narbe juckt. Was jetzt.
Die arme Liebe, muss zurück.

Wo ich bin ist das Loch.
Hab es im Sinn.
Und bring es mit.

*

Hallo mein Laut mein Kauderwelsch
Mein Zaubertrank mein Hologramm
Kautabak und Wechselbalg.
Mein Fluch meine Zufallsbekanntschaft.
Meine Durchreiche.
Und Zwischenreich.
Das geht an dich.

*

Gib mir Kastanienmilch.
Ich will trinken.
Sie schmeckt mir gleich.
Gib mir Kastanienmilch damit ich trinken kann.
Ich bin betrunken vom Wünschen.
Lecktier am Stein.
Sie dringt aus dem Stamm.
Sie tropft aus der Laus.
Fällt in den Melktopf.
Wird dort zum Pfropf.
Der Weg zu den Wurzeln ist kurz.

*

Sieh es dir an wie ich ins Weckglas steig
und ausschlüpf als Insekt
für das sich kein Jahr wiederholt.
Ein Frühjahr Zeit für eine ganze Generation.
Darunter dieses Federding
das wie ein Irrwisch vor dir flieht.
Wenn du es tippst
erschrick nicht.

*

Willst du dich etwa in die Zellulose deiner Kindheit hüllen
den alten Schlafanzug und weiter zurück
bis in die eigenen Zellen.
Hast du das Gefühl vergessen wie du am Kindertag
den Steinguttopf nach Hause trugst mitsamt der Angst.
In ihm nur Spuren von Kartoffelsalat.
Wie du als Mädchen früher warst
empfindlich mager unerkannt
dem mal ein fremder Junge in den Magen schlug.
Du siehst den Jungen der vom Spielen kommt.
Sein Gewehr hat er so umgehängt
wie man es bei Soldaten aus der Völkerschlacht zu sehn bekam.
In Leipzig. Oder im Civil War.
Du siehst dir an wie er nach Hause geht.
Du siehst ihm nach.
Möchtest euch ein Stofftier angeln
aber die künstliche Hand durchfährt glatt die Erinnerung.
Stofftierzange, automatisch eben.
Du siehst dir das nur an.

*

Mittags stach dich ein Insekt.
Der Körper blieb halb da halb war er weg
die Augen weit für das was treibt.
Wenn oben und unten sich gleichen
kannst du dann unterscheiden
was im Liegen vor sich geht?
Ein Gefühl für die Richtung entwickeln?
Deine Position ablaichen?
Triebe wachsen nach oben
nur die Wurzel gräbt sich zurück.
So entsteht eine Krümmung
und jetzt ist die Achse im Gleichgewicht.
Deine Kaulquappenbeine müssen gehen
schon der Freiheit wegen.
Das hat es auf keinem Foto gegeben.

*

Wann wird dir der Schlafanzug zum Nachthemd
das dich am Klettern hindert
aber dann stehst du nachts da und tauschst die Milchstraße
gegen ein Gesamtbild der Sonne an einem fleckenreichen Tag.
Rachenfeldzug in den Spiegelungen einer Kindheit
die Erinnerung an Käferschwärme vorm Gewitter
Lackbildrausch sprich chitinierte Angst
vor Hagelkörnern groß wie Taubeneier
sollten gut gegen Halsschmerzen sein.
Ansonsten behielt man sein Leben für sich.
Was bleibt sind Posen.
Lichtbildknick, das eine Gewitter als Kind.

*

Wer sagt dir dass die Tage länger werden?
Wer sagt dir dass die Nächte dunkel sind?
Die Organelle namens Augenfleck?
Der Wandler und sein Cowboylächeln.
Für alle eine Spannungskurve.
Für alle ein Herzschlag und seine Transkription.
Ein Zirpen wirft die Bewegung an
ist Beutel, Tropf, Infusion.
Der Zeiger naht
und alle Welt kennt sein Gesicht.

*

Mimosan rühr mich nicht an
sonst zuckt was zusammen und muss verkümmern.
Inmitten der Hüllen ist keine Mitte.
Schon bei zu lauten Tönen krümmt sich die Schmalwand.
Wohin soll das wirken.
Kann man sich auch die Schmerzen rasieren
oder ist das Grünschnitt?
Nur das Leblose überhitzt.

*

Ich kann mir nichts suchen
kann weder fliehen noch weichen
bin an den Organismus gebunden
muss in der Sesshaft bleiben.
Die Wurzeln halten mich fest.
Ich lass die Wurzeln Wasser aufnehmen.
Hellrotes Licht am Morgen.
Dunkelrotes Licht am Abend.
Ich muss wissen wann ich blühen soll.
Leben fackelt nicht lang.

*

Wir können dir nicht alles zeigen.
Sonst wink doch aus dem Einweckglas.
Winkel Arme und Beine an.
Genau so zieht es sich beim Verbrennen zusammen.
Genau so zieht es an.
Genau so geht es heim.
Kentaurenkind dessen Oberkörper lahmt.
Jetzt ghoste dich mal.

Der Taupunkt ist grausam
und er ist schlicht.
Man sieht ihn nicht
aber empfindet was.
Er schöpft aus sich
und er hat recht.

An diesem Punkt greifen die Erinnerungslücken
ineinander wie Scharniere
weiß etwas ganz bestimmt Bescheid kennt sich genau
und ist gelangweilt vom Aufderstelletreten der Gesichte.
Sind das nun Fische die so ihren Winter verbringen?
Sind das noch Steinzeithaufen?
Oder schon Särge?
Dafür gibt es Märchen und Vergleiche.

*

Man sagt es geht sich neu zu erfinden
im Leben drei Mal.
Ich habe mich einmal aufgegeben
und stecke fest im zweiten Mal.
Und habe alles was noch kommt versäumt.
Ich kann mir aus Lügen ein Hemd weben
mich an dessen Fäden hängen
vom Saum stürzen
die Haut abziehen
weil Ränder Nähte sind.
Das ist unentschieden.
Immerhin kann ich Blitze ableiten.

*

Ich spalte Haare zur Doppelhelix.
Die Haare werden atomar.
Sie brechen nicht sondern verlängern sich
zur Fläche die nur eine Kante eine Seite hat
nicht ist nur in sich übergeht.
Auch wenn man sie zerschneidet also scheinbar halbiert
entsteht nur ein in sich verdrehter Ring.
Das geht unendlich so und ändert nichts.
Und hält auch nichts.

*

Stimmruhe, stimmt's?
Phasen von Trockenschlaf.
Das kommt vom Erschrecken und ist eher mesogenial.
Dort wo jeder mit sich spricht bleibt alles träge.
Verständnisloses Surrogat in dem du sitzt wie die Fliege im Harz.
Ihr Umriss radiert sich kalt in den Sinn.
Etappe für Etappe ist dieser Rückschritt technisch.
Die Nadel im Kompass deutet auf nichts.
Was willst du dann sagen wie hast du gelebt?

*

Keinen interessiert was der Vorsänger zu sich nimmt.
Manchen Tieren reicht die Flüssigkeit der Beute um zu trinken.
Wenn Vögel sich aufrichten und ihre Flügel ausbreiten
und mit ihnen schlagen wie drückt man das aus
als würde man sich das Handtuch umwinden
als wolle man manteln
als hätte man die Schwingen um die Beute gelegt.
Aber wen erreicht man damit?

*

Du Grifftöter.
Du Bissköder.
Der Spreu
ins Raufutter
gesetztes
Kuckuckskind.
Zur Schockmauser
dein Schrumpfkopf
Marmorkrebs.
In diesem Reigen
in deiner Räude
zeig, Herr des Wegs
deine Kinder.

Ich hab ihn empfangen und behalten.
Ihn zu lange angesehen.
Ihm eine Beschäftigung gegeben.
Da ist er übergesprungen.
Einfach so wie ein Floh.
Seitdem ernährt er mich.
Der Fehler war ihn einzuladen
auch nach mehrmaligen Begegnungen tut man das nicht.
Der Fehler war zu denken das ist ein Gast der wieder geht.
Stattdessen verhärte ich damit sitzt er ebenso fest wie ich
kann nicht anders als er mich.

*

Min Lummerjan.
Min Stummerjan.
Min Kummermann.
Mume mich mein Stummbart.
Nicht zusen.
Mumen du Wummbart.
Kleiner fauler Aal
kannst du verwinden was mich so reut?
Das Stück das uns in die Zukunft rückt
kannst du's umrinden?
Mein Bauchladen ist ausgeräumt.
Und all das Weißzeug wird nicht mehr gebraucht.
Kleiner fauler Aal kannst du
dich für mich zurück empfinden?

*

Hast das Leibchen aufgegeben
hat's die Lauge aufgesaugt
ist nun bleiches Schlichtkleid, ausgelaugt
der Brustton fort.
Hast ihn in den Sack gehauen
und als Tand auf dem Trödelmarkt verkauft.
Stehst mit leerem Brustkorb da.
Wirst langsam mittellos.
Frierst im eigenen Schattenwurf.
Nichts davon spuckt dir den Knebel aus.
Den rückst du nur zurecht
um das Loch zusammenzuhalten
das dir die Luft einfängt
was man sonst Atmen nennt.

*

Dummchen du hast dich verschätzt
hast alle gefährlichen Tiere verpetzt
und all deine Lieben.
Bleibt nur Schließdienst
das Zwischenreich der Totengräber
samt allen Wendemanövern.
Zunge abgehen.
Lunge abdichten.
Lichterdrosselung.
Immerhin Lohnarbeit.
Du darfst nicht den Kopf hängen lassen du musst nicken.
Das Klappmesser endet vorn wie hinten gleich.
Kann man dich rühren?

*

Es reicht die Grenzen zu überspringen
schon werden die Wurzeln haarig
sind dann doppelt so lang, geädert und gummiartig.
Es sieht nur so aus als trotztest du der Schwerkraft.
Es ist nur so weil du nichts anderes kennst.
Das kalibriert dich ins Gleichgewicht weißt du der Flickerreiz
durch den Überschall der seit der Kindheit in der Hörrinde kreist.
Du musst nur die Mündung verschieben
dich ausdünnen in den Schlauch schmiegen.
Als zöge sich die Molluske einen Pelzmantel an.
Sag bloß so trägst du dich auch in die Strichliste ein.

*

Seht es euch an wie ich mich von selbst ernähre
mir Blut abnehme mir Atem spende
von dem was überschwappt
bleibt ein Abdruck der etwas festhalten kann.
Alltägliches Harz, kurz und preiswert
gibt es das was haften bleibt auch wieder ab.
Ihr ratet ihr seid außerhalb.
Ihr habt keinen Zugang.
Ihr hört mich nicht.
Ihr seht mich nur an.
Bei inneren Schallblasen sind die Rufe wesentlich leiser.
Innere Schallblasen sind weniger aufgebläht.

*

Aj Aj Aj
ich lebe in einer Blase die Blase ist dünn
Aj Aj Aj
ich lebe in einer Welt die Welt ist rund
Aj Aj Aj
sie ist zum Bersten gefüllt
Aj Aj Aj
ich trage ein rundes Gehirn das Blasen wirft
Aj Aj Aj
ich sammle Atemluft und zieh dort ein
Aj Aj Aj
dieser Speicher wird mein Leben sein
Aj Aj Aj
dieser Pumpwahn

Geh ruhig zur Quelle und setz dich.
Wasser ist nötig für den Transport von Licht
ins Auge oder von Geräuschen ins Ohr.
Vögel wandern aus und kommen an.
Tiere bilden Reviere.
Solch ein Wissen ist nicht groß.
Das zieht durch.
Oder wächst mit.

*

Ich geh nicht ins Wasser nur hin und verharre im Hüftknick
bis der Wind die Bewegung zur Welle erhebt
mach ich mich flach und halte was sich dehnt.
Das macht den Stoß weniger dumpf das federt ihn
als würde man die Stelle wieder und wieder berühren
so wie man Brüche schient.
Ich will nicht ich muss diesen Fremdkörper meinen
nicht Fleisch nicht Blut nicht Knochen
allein den Schatten, das Unterskelett
die dünnste Schicht nehme ich zum Heilen.

*

Hol mal das Knochenritual.
Der Setzkasten ist voller Mundwerkzeuge.
Das Sprechbesteck kommt nicht weg.
So wie das Meer Steine bewegt
so wie das Meer Steine ablegt
wächst das geordnete Gerippe
und es bildet sich Fleisch
das lebt und heißt bald
Mama Mamuśka Mamuś.
Manchmal muss ich in deinen Knochen wandern
manchmal wandern sie in mich
und auf den Feldern liegt's dann
aufgerollt in weißen Säcken wie für Leichen.
Lauter Ernten die wir wenden.
Grünes Wasser in den Bäumen
samt der späten Frucht in ihnen.
Ob in ihnen Nadeln stecken
ob sie wandern oder liegen bleiben.
Nicht zu fassen wo es hingeht
wenn sie treiben.

*

Manchmal offenbart sich das.
Jeder Apfel fällt wortlos vom Baum
und fault ohne Schmerzen zu haben.
Jedem Apfel der fault machen Wespen den Hof
Igel auch und noch die aus der unteren Welt.
Kein Apfel steht auf wenn man ihn ruft.
Wir essen sie zum Schutz vor schädlichen Stellen.

*

Ich habe alle Namen ausgespien
sie meinen Kindern nicht gegeben
aber ich kann nicht ohne sie
ich speise sie mit Schrift
die mich sendet und künstlich bewegt.
Das ist Gänsepädagogik das twitcht wie verrückt
auf uralten Wegen zurück ins Naturschutzgebiet.
Ihr Schreikraniche Trompeterschwäne und Waldrappen
eure Küken folgen mir auch wenn ich artfremd bin.
Das ist Gänsepädagogik das twitcht wie verrückt
dir fehlt etwas und du lebst davon.
Kein Käuzchen ruft nur dein Gnadengesuch.
Wracks und Trümmer sind auch Spuren.

Es gibt Kettenhemden und Kettenmenschen.
Ich kann nicht immer nur denken
bis es nichts mehr gibt nur Nichts allein
und ihm meinen Namen geben.
Ich bin viele Lebenstage und nur einen Todestag sesshaft.
Ich kann lebenslang Blutsuppe speien.
Also wie geht Erweichen?
Wie webt man's in den Faden ein?
Reißt man ihn ab hängt man was dran?
Reißt man alte Wunden auf oder neue hinein?
Ist es ein Sonnentanz? Ist es nur heiß?
Ist das Verschleiß wenn ich mich häute?
Wird's Schorfkleid endlich zu Chitin?
Lohnt sich Abfall als Neubeginn?
Ich habe meinen längst weitergereicht.

*

Gewebe muss durchdrungen werden
um es an den Platz zu bannen.
Selbst in der Eigenjagd
fährt der Leckmund über
die erste Schicht Luder
die zweite Schicht Haar
das Wundbett danach.
Eine lange Nachsuche eine lange Todflucht.
Ein streckenweiser Schmerz aus dieser Ungleichung.
Den musst du dir zum Bilde machen.
Das ist woran wir uns binden wodurch wir uns halten
wovor wir uns drücken wohin wir gleiten.
Das ist wohltuender als sich zu zerfleischen.
Ich bin viele Lebenstage und nur einen Todestag sesshaft.
So können wir uns gleichen?
So können wir uns gleichen.
Selbst in der Eigenjagd.

*

Es gibt Stellen die lässt man besser unerwähnt.
Genau die beginnen zu gähnen.
Der Ameisenlöwe sitzt im Zentrum aller Nerven
harrt aus hat Zeit den Panikraum zu beleben
den blinden Fleck zu Chitin zu erhärten.
Sein Leckmund weckt das Rachenfeld
im dünnen Gewebe durch das die Sonne scheint.
Drinnen ist man bleich in einem weißen Nebel
in dunkle Erde gesteckt.
Elektrisch geschieden.
Offenbar ausradiert.
Alles deutet auf sich zurück.
Der Kosebiss.
Der Würgegriff.
Was da so wächst als Krähennest
endet bald im Gesteck.
Wahrscheinlich geh ich ein.
All das hab ich nie bereut.

*

Sag dass der Mund eine Scheibe ist, ein Erdbewohner aus der Frühe.
Sag bloß am Grund sitzt der Ameisenlöwe und wirft mit Sand.
Wahrscheinlich ein Fremdkörper im Auge
ein Trichter ohne Rand
der dich frisst ohne Hände nur Mund
zum Umrunden ein Neunaugenschlund.
Zieh es dir an das radiophile Hemd
mach es zum Tonband stell es an.
Hör ab die Rillen die das Töten überspielen
bündeln Momente Pflanzen Tiere.
Steck sie zusammen. Paare sie.
Jag sie durch die enge Stelle.
Beides reizt den Kanal.

*

So hielt ich das noch immer aus
das Unerfüllte ins Akustische zu ammern
und dann Ruhe zu halten.
Aber immer geht es nicht nur weiter.
Müde müde Sonne
scheine auf die Tonne.
Lass ein bisschen raus.
Lass ein bisschen drin.
Dass noch jemand daran dreht.

Ich kann nicht sagen was ich weiß und auch nicht leben.
Da ist ein Loch und das verbirgt
die großen und die kleinen Pflichten die es mit sich bringt.
Vom Brauchwasser trägt jeder sein Tönnchen am Hals.
Wie man den Rand abtrinkt das ist der Trick
so wie ein Bettler Hallo sagt
hab ich schon ein paar Mal auf Trost getippt.
Ein Hub aus dem Dreck.
Das ist meine schmutzige Hymne.
Meine Fieberrinde mein Chitinpapier mein Schorfkleid.
Das ist mein Hausrecht.
Ich der gewöhnliche graue Mensch
baue an einem Raum ohne Rückschritt.
Ein Rundling durch den ich mich beweg ohne Rücksicht
erlebe ich vieles nicht ohne dass was fehlt.
Man kann eine Menge nicht gesehen haben.
Man kann das Nichtgesehene sammeln
und aus dem Geschehen heben.
Aber man kann es nicht ungeschehen machen.

*

Mir ist bewusst dass es inmitten aller Hüllen
einen Hohlraum gibt, verarmt und außer sich
wo's Schilf nur nickt.
So habe ich was Angeschwemmtes
was Geliehenes gesucht
was Überholtes etwas Botenstoff
aus Wanderlust.
Klarsichthüllen ohne Luft
ist das ein anderes Atmen
Luft und Speise
und wenn man es mischt
Ersticken.
Komm, mach Ton.
So geht singen.
Denn was für ein Nutzen läge sonst im Loch.

*

Wenig ist es.
Ist es für mich.
Ich mache wenig aus nichts.
Mein Zeitfenster fällt
in alles was ich tue ein
Abgrund schließt
ein Fallstrick hebt
ein Trickbetrug
gönnt mir die Ruhe nicht
bevor ich abgeschlossen hab
als hätte ich als Termite
nicht über mir ein Hirn
das mich vermisst
denn ich mühe mich folgerichtig
mein Zeitfenster schließt sich von selbst.
Ich hab nur so wenig Ruhe
hab Angst dass es zufällt
dass es plötzlich ist, kurz
mich stört.

*

Mische mach.
Bring Tee und Milch zusammen.
das Auge erkennt was
die Linse nicht festhalten kann
denn es gewöhnt sich daran.
Mach daraus was
treib's aus den Räumen
werd es los und
speichel dann
das Pergament zusammen.
All das Halbverdaute
mach es dicht
bis es fällt fällt nein rollt.
Misch das nicht.

*

Mein irrer Rattenfänger mit dem Schieferschwamm
wischt mein Gehirn leer und verdichtet es
zum Bild nicht nur von dem was war sondern
es ist das Bild von nebenan die gegenüberliegende Welt
versteckt in meiner Kamera bin ich der Film.
Das Licht. Der Mottenschwarm.
Ein weißer Fleck die Höhlenwand
als Nachhall oder Wiedergang, als Echozwang
sowie man um die Ecke denkt ist das Leben eben
nie mehr als ein Rattenschwanz.

Der Schmerz ist da noch immer
als Ursprung und als Aggregatzustand.
Die Stacheln die man von Geburt an mitbekommt
richten sich mit den Jahren auf
und verhärten die Erinnerung zum Punkt.
Von außen sieht das lächerlich verkleinert aus
wie das Halsband des Punks.
Der nächste aus der Batterie an Haifischzähnen
rückt vor das Leben.

*

Ich hab genug vom Wiederkau
von dieser Spreusättigung
dass sich alles was man tut verbraucht.
Fänge, helft mir auf die Sprünge
dann hört die Selbstzerfleischung auf.
Es gibt einjähriges und volljähriges Eis.
Aber wann ist es notreif?
Ich bin am Ende nur ein Haufen Schnee
der in sich zusammenfällt.
Das ist die Höhe aus der ich singe.
Tiere zeigen ihren Bauch wenn sie vertrauen.
Wir zeigen immer nur Gesicht.

*

Weinen fällt schwer aber Schwitzen geht.
Die Tropfen wandern aus
meiner Haut wie auf eine Bergspitze
verharren dort und fangen an zu rinnen.
Ich bin nie ausgelaugt ich bin ihr Treibhaus
transfuser Botenstoff verlässt den Laich
und fließt an den Versammlungsort.
Kein Fellwechsel kein nachwachsender Rohstoff
stattdessen Lösungsmittel.
Ich bin nackt und sehe mich verschwimmen
allein mit dem was aus mir kommt
als hätte ich Rogen im Fischbauch.
Sagt mir wer kann das noch?

*

Ich bin spät dran ich liebe das.
Man hat mir alles genommen
aber ich lebe nicht danach
kann noch was kommen.
Reste von Drecksschnee
am Straßenrand Kothaufen.
Bin benommen vom Erraten der Bilder
mit denen wir uns dauerhaft die Karten legen.
Dieser Beruf ist schwer zu ertragen
selbst wenn ich in den Bildern bin
wird eins wach und entsetzt mich für Jahrzehnte.

*

Selbst wenn wir uns festsetzen
wie Algen an Steinen als Pionierpflanzen
als in sich stimmiges Schönheitsversprechen
bilden unsere Zungen Belag
der schmiert ohne zu schneiden.
So wie Schnee im Ruhezustand langsam abwärtsgleitet.
Selbst die Lawine die im Sturz alles mit sich reißt
legt ihn in geordneten Bahnen ab
und wie alles Eingeatmete
verliert er nach und nach an Aussagekraft.

*

Ich kann meinen eigenen Ton nicht mehr hören.
Ich trage ihn überall hin.
Immer passt etwas hinein das übereinstimmt
also gibt es die Ähnlichkeit ohne Verlust
in Schüben in Flüssen in Zügen
als zög ich alle Kleider aus
und stieß mich aus dem Rückgrat
und wär am Ende immer noch nicht frei davon.
Irgendein Fetzen bringt immer die Erinnerung zurück
beschert dir was von vor dreißig Jahren, verrückt
so ein Wiedergang der ins Zeitfenster passt.
Ich muss nur innerhalb des Bildes bleiben.
Dort wo jeder mit sich spricht endet die Wand.

*

Im Schilf sind wir viele, schwanken leicht
inmitten seiner gräserbleichen Raserei
sieht das verbrannt aus, abgefuckt.
Sandlinsen wohin du blickst
Barrieren aus abgestorbenen Zellen.
Ein Ringen nach Luft hört auf
ihr pflanzliches Röcheln ihre geräuschlose Wut.
Leben ist brüchig ohne Brüche ist Schluss.
Selbst wenn du dir ein Bild daraus schnitzt
und es als Holzschiff ins Wasser lässt, schwimmt es
und selbst wenn du den Blick draufhältst
siehst du ich schwöre den Untergang nicht.

*

Ich trage einen Berg mit mir herum
als Massepunkt als Publikum
hält das nichts auf
sondern fällt in einen
als würden fern ein paar Hyänen
am Wasserloch in ihre Flanken hecheln.
Dünn und friedlich wissen sie
du kannst die gesamte Fläche
mit nur einer Bewegung erschüttern.
Ein Torkeln ein Taumeln
ein Schwanken ein Schwindel
selbst falscher Alarm würde
die Schnittstelle für ihre dunkle Gesinnung sein.
Wie die Erde um das Myzel
und das Myzel um die Erde
richtet sich das ganze Gefüge danach.
Das ist Ohnmacht.

*

Lüge Lüge, alles legt sie sich zurecht.
Den verlassenen Zelluloserest
der nichts mehr umschlingt
als den Raum den er enthüllt.
Abgestreift ausgehöhlt
eine hautlose Schlange.
So trockne ich aus der Sonne.

*

Also mantel den Schatten.
Wirf ihn um.
Ein zurückgeworfener Schatten
ist Schutz
ein Überwurf aus Luft
um die stets wunde Stelle
die sich öffnet und schließt
wie die Vögel das Bürzel die Reserve das Fett.
Ein Schleifenwitz entgegen der Schwere.
So nehme ich was keiner sagt
und stille meine Gedanken.

*

Ich bin eine ganze Weile gegangen
habe Strecke gemacht
mich ins Vakuum gepackt.
Ich ging bis zur Verödung ins Minus
sagte gib was du hast
zu den flatternden Enden.
Ich will keinen Schwindel
kein angestrahltes Tier
keine Schockmauser sondern
die Bewegung aus mir
in den Kreislauf lenken.

*

Mein innerer Chor ist in Aufruhr.
Verbellt die kommende Hälfte an Jahren.
Ich muss sie einläuten mit Geheul.
Ich muss auferstehen wenn ich schlafen will.
Ich muss mich wieder fangen.
Solche Bewegungen fließen als Teppich gegen die Eiszeit.
Man kann dann mit den Füßen trinken.
Man kann schwierige Zeiten überstehen.
Man kann das überleben.
Alles andere bleibt die Kunst der Tiere.

Es wird Zeit.
Wo jeder steht binden sich Gürtel zu Schlingen.
Der Schlangenbeschwörer und die Schlange.
Ihr Umriss. Seine Bewegung.
Das ist der Ton.
Noch mal.
Das ist der Ton.
Sein Instrument.

*

Das Schilf wartet und beginnt neu zu zählen.
Der Weg verläuft gleich und die Zeit ist heute.
Der Tag ist so lang wie die Nacht.
Das hat Einfluss auf die hellen Teile.
Es ist eine Frage der Neigung
als glitte eine Schlange in Stufen herab.
Die Veränderungen sind gut spürbar
in dieser circadianen Nacht
verhalten sich Schönes und Schlimmes ideal.

*

Es hat die ganze Nacht gespukt.
Und ich friere.
Ich friere und hab mir einen Platz unter den Schlangen gesucht.
Die eine die noch unerwärmt inmitten aller liegen bleibt
ist zu lange kalt gewesen.
Es dauert bis die Wärme übergeht.
Es dauert bis morgen.
Die Wärme reicht vielleicht zum Öffnen eines Augenlids.
Die Wege der Welt sind vollkommen.

*

Das Schilf drückt sich gegen die Hand.
Das Schilf ist dabei sich zu sammeln.
Es kommen viele.
Zittern alle.

09:49:43
Gleich Tag

Dies ist ein Gruß der hat viele Adern.
Und werde dich deinem Leib stehlen.
Und werde dich deinem Liebsten geben.
Diesen Brief hab ich aus deinem Mund geschrieben.

Der Fisch kann im Wasser nicht ertrinken.
Der Vogel in den Lüften nicht versinken.
Solange die Erde treibt kreisen die Gedanken innen.

Die hab ich der Welt entzogen.
Und allen Geschöpfen vorenthalten.
Wohin soll ich sie kehren?

Ich versuche Gedanken in die ich mich legen kann
wie die Sonne spielend in das Wasser scheint
nach der das Wasser unzerbrochen bleibt.

Wie leise sie wirkt dass ihr Leib es nicht weiß.
Sie begreift das meist und behält wenig bei.